ARUERIS

INTERMEDE
EN MUSIQUE.

Repréfenté devant LE ROI *fur le Théâtre Royal de Choifi-le-Roi, le Mercredi* 15 *Décembre* 1762.

DE L'IMPRIMERIE
De CHRISTOPHE BALLARD, Seul Imprimeur du
Roi pour la Mufique, & Noteur de la Chapelle
de Sa Majefté.

M. DCC. LXII.
Par exprès Commandement de SA MAJESTÉ.

Les Paroles sont du feu Sieur *Cahusac*.

La Musique du Sieur *Rameau*.

Les Ballets sont de la Composition des Srs. *Laval*, Pere & Fils, Maîtres des Ballets du Roi.

ACTEURS.

ARUERIS, Le Sr. Jeliotte.
ORIE, La Dlle. Lemiere.
UNE BERGERE, La Dlle. Dubois L.
UN BERGER, Le Sr. Besche.

ACTEURS DES CHŒURS.

LES DEMOISELLES.

Cannavas.   Aubert.
Chevremont.   Dubois *Cadette*.
Gaudoneche.   Bouillon.
Bertin.   Favier.

LES SIEURS.

Joguet.   Doublet.
Cochois.   Lebegue.
Guerin.   Bazire.
Levêque.   Camus *l'Aîné*.
Bosquillon.   Daigremont.
Abraham.   Charle.
Caze.   Joly.
Roisin.

PERSONNAGES DANSANTS.

EGYPTIENS, EGYPTIENNES.

La Demoiselle Lani.

Les Sieurs Laval, Gardel.

Les Demoiselles Vestris, Allard.

Le Sieur Vestris.

Les Sieurs Dauberval, Grosset.

Les Demoiselles Dumonceau, Peslin.

Les Sieurs Hyacinte, Lelievre, Trupti, Campioni, Hamoche, Dubois.

Les Demoiselles Dumirey, Ray, Petitot, Buar, Saron.

ARUERIS
INTERMEDE EN MUSIQUE.

Le Théâtre représente un Amphithéâtre de verdure préparé pour la Lice de ceux qui doivent disputer des Talens du Chant & de la Danse.

SCENE PREMIERE.
ARUERIS.

Le bonheur de la terre est le bien où j'aspire,
Les talens vont prêter des charmes aux loisirs,
J'assure en fondant leur empire,
Des armes à l'Amour, aux Mortels des plaisirs.

Le Dieu des Arts est l'apui de ta gloire
Tendre Amour, seconde ses vœux,
Eclaire l'objet de mes feux,
L'erreur qui le séduit balance ma victoire;
Que ton flambeau brille à ses yeux.

SCENE II.

ARUERIS, ORIE.

ORIE.

INGRAT pour les beaux arts votre amour se signale,
Dans les Jeux que vous ordonnez.
Le prix dont vous les couronnez
Ne m'annonce que trop une heureuse rivale.

ARUERIS.

Les Talens à l'envi, par d'agréables jeux,
Vont célébrer d'Isis la gloire & la naissance,
Et l'Amour des vainqueurs doit combler tous les vœux.
Je leur offre la récompense,
Qui peut seule être digne d'eux.

Les dons les plus brillans sont votre heureux partage.
Dédaignez-vous le prix qui leur est présenté ?

ORIE.

Ces foibles dons fur la beauté
Doivent-ils avoir l'avantage ?

ARUERIS.

A nos cœurs la beauté porte les premiers
  coups,
 Son aimable empire fur nous
 Triomphe de l'indifférence;
Mais à des traits plus fûrs & peut-être plus
  doux,
 L'amour conftant doit fa puiffance.

ORIE.

Eh ! quels font ces traits précieux ?
Leur pouvoir doit me faire envie,
Puifqu'ils font fi chers à vos yeux.

ARUERIS.

L'art des talens, aimable Orie,
Bannit l'ennui de nos loifirs.
Il faut, comme à la terre, à la plus belle vie,
Ces charmes variés d'où naiffent les plaifirs.

Cette plaine vaste & féconde
Ne présente à nos yeux qu'une froide beauté;
Mais l'azur des cieux répété
Dans le cristal brillant de l'onde,
Les bois, les valons, les côteaux,
L'émail des fleurs, & la verdure
Rendent toujours riant, par leurs divers tableaux,
Le Spectacle de la nature.

ORIE.

L'amour suffit aux cœurs qu'il sçait bien enflammer.

ARUERIS.

Ah, je vous aime, Orie, autant qu'on peut aimer!

ORIE.

De ces Jeux solemnels quel est donc le mistere?

ARUERIS.

Souvent la sagesse des Dieux
Cache le bien qu'elle veut faire
Sous un voile mistérieux.

ORIE.

Mais peut-être qu'aux loix d'un Vainqueur odieux.

ARUERIS.

N'en recevez que de vous même.
Entrez dans la carriere, embelliſſez nos Jeux.
Le triomphe de ce que j'aime
Eſt le ſeul qui manque à mes vœux.
Entrez dans la carriere, embelliſſez nos Jeux.

ORIE.

Je puis tout oſer pour vous plaire...
Mais, c'eſt vainement que j'eſpere:
Mes talens négligés doivent trop m'allarmer.
Hélas! quand leur ſecours me devient néceſſaire
Je n'ai plus que celui d'aimer.

ARUERIS.

C'eſt le plus enchanteur. Lui ſeul les fait tous naître.

Eh ! que feroient les Talens fans l'Amour ?
Il les infpire, il les force à paroître,
Il leur prête fes traits, les place dans leur jour.
Et fa flâme eft leur premier maître.

On entend le Prélude de la Fête.

A ORIE. *à part.*
On vient. Triomphe, Amour, diffipe fon erreur.

ORIE *fort.*

SCENE III.

ARUERIS, EGYPTIENS, EGYPTIENNES *qui viennent difputer le prix des Arts & des Talens.*

ARUERIS.

VOS plaifirs & votre allégreffe
Sont pour Ifis l'encens le plus flateur ;
Que fa gloire & votre bonheur
Eclattent dans les jeux que j'offre à la Déeffe.

INTERMEDE.

UN EGYPTIEN.

Brillez, Sons enchanteurs, volez jufqu'aux cieux :
De la divine Ifis célébrez la mémoire,
Célébrez les Talens, confacrez leur victoire.

CHŒUR.

Que les échos de cet empire heureux,
Retentiffent de fa gloire.

On danfe.

UNE BERGERE EGYPTIENNE.

L'Amant que j'adore
Alloit former de nouveaux nœuds ;
J'entendis des oifeaux heureux,
Les chants amoureux
Au lever de l'Aurore.

J'imitai leurs accens,
Mon Amant courut pour m'entendre,
Mes fons touchans
L'ont rendu fidele & plus tendre,
Je dois mon bonheur à mes chants.

On danfe.

UN BERGER EGYPTIEN.

Ma Bergere fuyoit l'amour;
Mais elle écoutoit ma Mufette.

Ma bouche difcrette
Pour ma flâme parfaite,
N'ofoit demander du retour.

Ma Bergere auroit craint l'amour;
Mais je fis parler ma Mufette.
Ses fons plus tendres chaque jour
Lui peignoient mon ardeur fecrette:
Si ma bouche étoit muette,
Mes yeux s'expliquoient fans détour.

Ma Bergere écouta l'amour,
Croyant écouter ma Mufette.

Le Ballet continue. Il eft interrompu par ORIE.

SCENE DERNIERE.

ARUERIS, ORIE, EGYPTIENS ET EGYPTIENNES.

ORIE.

POur entendre ma voix, Peuple, fufpens tes Jeux.
Naiffez du tranfport qui me preffe,
Naiffez accens harmonieux.

Charmes du fentiment, divine & douce yvreffe,
Paffez dans mes chants amoureux.

Enchantez l'Amant que j'adore,
Sons touchans, fecondez mes feux.
Allez jufqu'à fon cœur; rendez plus tendre encore
L'amour qui regne dans fes yeux.

Sons brillans hâtez-vous d'éclore,
Volez, foyez l'image des Zéphirs.
Amufez l'Amant que j'adore :
Volez, foyez l'image des Zéphirs.

14 *ARUERIS*;

Peignez le doux penchant qui les ramene
à Flore,
Gardez-vous d'exprimer leurs volages soupirs.
Qu'à jamais mon Amant ignore
Si l'inconstance a des plaisirs.

CHŒUR.

Ciel, quels accens!...

ARUERIS.

Triomphez belle Orie.

CHŒUR.

Remportez le prix de la Voix.
Loin de nos cœurs les tourmens de l'envie;
L'amour seul nous donne des loix.

* ARUERIS AVEC LE CHŒUR.

Triomphez, belle Orie,
Remportez le prix de la Voix.

---

* Il donne à ORIE une Couronne de Mirthe.

INTERMEDE.

ARUERIS.

A l'objet de vos vœux vous allez être unie,
Et sa fidélité ne dépend que de vous.

ORIE.

A l'Amour je dois ma victoire.
C'est pour lui dans ces Jeux que j'ai cherché
la gloire,
Et c'est de votre main que j'attens un époux.

ARUERIS *en lui offrant la main.*

Je partage le prix d'un triomphe si doux!
Et vous, Peuple aimable,
L'Hymen va couronner vos efforts généreux.

Venez, qu'une chaîne durable
Vous unisse & vous rende heureux.

Le Spectacle finit par un Ballet général.

FIN.

247

www.ingramcontent.com/pod-product-compliance
Lightning Source LLC
Chambersburg PA
CBHW061959070426
42450CB00009BB/2274